BEI GRIN MACHT SICH IHR WISSEN BEZAHLT

Bibliografische Information der Deutschen Nationalbibliothek:

Die Deutsche Bibliothek verzeichnet diese Publikation in der Deutschen National-
bibliografie; detaillierte bibliografische Daten sind im Internet über http://dnb.d-
nb.de/ abrufbar.

Impressum:

Copyright © 2017 GRIN Verlag
Druck und Bindung: Books on Demand GmbH, Norderstedt Germany
ISBN: 9783668961081

Dieses Buch bei GRIN:

https://www.grin.com/document/470535

Simon Ehehalt

Verkaufsmanagement im Sportstudio. Was sind mögliche Optimierungen?

GRIN Verlag

GRIN - Your knowledge has value

Der GRIN Verlag publiziert seit 1998 wissenschaftliche Arbeiten von Studenten, Hochschullehrern und anderen Akademikern als eBook und gedrucktes Buch. Die Verlagswebsite www.grin.com ist die ideale Plattform zur Veröffentlichung von Hausarbeiten, Abschlussarbeiten, wissenschaftlichen Aufsätzen, Dissertationen und Fachbüchern.

Besuchen Sie uns im Internet:

http://www.grin.com/

http://www.facebook.com/grincom

http://www.twitter.com/grin_com

Deutsche Hochschule für

Prävention und Gesundheitsmanagement

Hermann Neuberger Sportschule 3

66123 Saarbrücken

Einsendeaufgabe

Fachmodul: Verkaufsmanagement

Studiengang: BFÖ

Datum
Präsenzphase **10.7. - 12.7.2017**

Name, Vorname: Ehehalt, Simon

Studienort: **Saarbrücken**

Semester: **WS 2016**

1

1 EA: Verkaufsorganisation

Tabelle 1: Klassifizierung und Einordnung des Ausbildungsbetriebes

Anlagenstruktur:	Gemischtes Studio (Männer und Frauen)
Größe der Anlage:	750 bis 1499 qm
Preisstruktur der Anlage:	60,00 bis 89,99 €
Beschreibungen der Kernleistungen:	Mitgliedschaften

1.1 Verkauf im Ausbildungsbetrieb

Eine der Kernleistungen in unserem Unternehmen, die Mitgliedschaft, wird im Folgenden in der Tabelle 2 erläutert.

1.2 Vergleich der Verkaufsorganisation des Ausbildungsbetriebes mit den 13 Stufen des Verkaufs

Ebenso folgt in der Tabelle 2 ein direkte Gegenüberstellung mit den 13 Stufen des Verkaufs, nach Schlaffke & Plünnecke (2015, S.15).

1.3 Verkaufsprozessoptimierung

Zudem werden mögliche Optimierungen zur Verkaufsprozessoptimierung genannt.

Tabelle 2: Gegenüberstellung des Ausbildungsbetriebes mit den 13 Stufen des Verkaufs (eigene Darstellung)

	Wichtige Inhalte	Ablauf im Ausbildungsbetrieb	Begründung für Abweichungen	Optimierungsmöglichkeiten
Stufe 1: Vorbereitung	Organisatorisch: Materialien, Unterlagen und Informationen über den Kunden liegen bereit. Mental: gedankliches Auseinandersetzen mit verschiedenen Kundentypen und positives Einstellen auf die Verkäuferrolle	Sämtliche Unterlagen liegen griffbereit an der Theke und werden jeden Tag bei Bedarf aufgefüllt. Die Sitzecken im Eingangsbereich werden sauber gehalten, so dass jederzeit ein Beratungsgespräch dort stattfinden kann. Für Beratungsgespräche wird ausreichend Zeit eingeräumt.	Manchmal entstehen Abweichungen durch überziehen von Terminen. Dadurch könnte die mentale Einstellung zu kurz kommen und den Verlauf des Beratungsgespräches negativ beeinflussen.	Bei zu spät kommen von Kunden den Termin verschieben oder den Termin auf einen Kollegen umlegen, falls der Kunde noch nicht weiß von wem er betreut wird, um nicht unprofessionell zu erscheinen.

4

	Wichtige Inhalte	Ablauf im Ausbildungsbetrieb	Begründung für Abweichungen	Optimierungsmöglichkeiten
Stufe 2: Kontaktaufnahme	Durch Gestik, Mimik und Sprache einen professionellen und sympathischen ersten Eindruck hinterlassen. Zudem Vorstellen per Handschlag, mit Name und Funktion. Interessenten mit Name ansprechen und siezen statt duzen.	Fast identischer Ablauf. Es wird darauf verzichtet seine Funktion zu nennen, sofern nicht explizit dazu gefragt wird.	Dem Kunden nicht das Gefühl geben durch einen Studierenden eine weniger gute Leistung zu bekommen.	Bei unsicheren Mitarbeitern die Beratung überwachen und Feedback geben.
Stufe 3: Aufbau einer persönlichen Beziehung	Informationsbeschaffung durch allgemeines und spezielles Befragen des Kunden. Dabei verbale und nonverbale Kommunikation richtig einsetzen und im Smalltalk Gemeinsamkeiten finden, dem Kunden harmonisch einstimmen und Notizen machen. Tabuthemen sind zu vermeiden.	Jeder der Mitarbeiter wurde mit Beginn der Arbeitsstelle intern für Beratungsgespräche geschult. Das Neuerlernte wird auf natürliche Weise in das Beratungsgespräch eingebaut. Wenn ein Kunde telefonisch einen Termin vereinbart hat, liegen bereits Notizen vor. Handelt es sich um Laufkundschaft, wird in dieser Stufe auf Notizen verzichtet um Augenkontakt zu halten. Kann der Kunde für ein Infotraining oder eine Einweisung begeistert werden, werden nötige Informationen notiert.	Ziel der Abweichung ist es in keine Rolle zu schlüpfen und mit der eigenen sozialen Kompetenz zu überzeugen um eine persönliche Verbindung zu schaffen.	Keine Notwendigkeit
Stufe 4: Bedarfsanalyse	Bewusste und unbewusste Bedürfnisse herausfinden und Lösungen dafür finden bzw. den Bedarf definieren. Dabei aktiv zuhören, SPIN-Konzept verwenden, offene Fragen stellen, Emotionen und Motivation wecken.	Es findet ein flüssiger Übergang zwischen Stufe 3 und 4 statt. Dabei wird nochmals genauer nach Einschränkungen gefragt. Ebenso findet ein Einwandvorbehandlung statt. Somit kann in Stufe 5 das Angebot individueller präsentiert werden. Somit wird dem Kunden das Gefühl gegeben ihn verstanden zu haben.	Zur Einweisung findet nochmals eine umfassende Anamnese statt, bei der Motivation, Ziele, Beruf, Körpertyp, sowie orthopädische und internistische Beschwerden festgehalten werden.	Keine Notwendigkeit
Stufe 5: Angebotspräsentation	Merkmale beschreiben, die Vorteile aufzeigen und den Nutzen liefern. Dabei auf einen flüssigen Übergang achten, die Nutzenargumentation auf den Kunden ausrichten, die Sinne des Kunden aktivieren und rhetorische Mittel verwenden.	Präsentiert werden die für den Kunden relevanten Stationen mit Merkmal, Vorteil und Nutzen wird aufgezeigt. Durch bildhafte Sprache und Vormachen von Übungen werden bei dem Kunden Emotionen geweckt.	Keine Abweichungen	Keine Notwendigkeit

	Wichtige Inhalte	Ablauf im Ausbildungsbetrieb	Begründung für Abweichungen	Optimierungsmöglichkeiten
Stufe 6: Angebots- und Bestätigungsstufe	Vorteile des Dienstleistungsverkaufs klar machen und die Bestätigung des Kunden mit Bestätigungs- und Suggestivfragen abholen.	Der Kunde wird noch auf ein Getränk seiner Wahl im Foyer eingeladen. Dabei wird nochmals das Angebot mit seinen Vorteilen präsentiert, wobei die Mitgliedschaft in Verbindung mit der Betreuung als Vorteil aufgezeigt wird.	Der Betrieb sieht seine Stärken in der individuellen sowie langfristigen Betreuung der Mitglieder.	Keine Notwendigkeit
Stufe 7: Grundsatzentscheidung	Frage zur Grundsatzentscheidung formulieren und einholen einer positiven Grundsatzentscheidung.	Mittels Suggestivfragen wird zur Preispräsentation übergegangen. Die Preispräsentation wird darauf weitergeführt.	Dieser Phase wird keine Wichtigkeit gegeben.	Erst nach Zustimmen des Interessenten mit der Preispräsentation fortfahren.
Stufe 8: Preispräsentation für die Mitgliedschaft	Möglichkeiten und Preisgestaltung aufzeigen, Preis und Nutzen darstellen, kleiner Preis und großer Nutzen	Mit Hilfe eines Angebotsblattes wird der Preis mit seiner Leistung präsentiert. Dabei ist der Preis nicht verhandelbar. Es besteht aber die Möglichkeit die komplette Laufzeit der Mitgliedschaft vorab zu bezahlen, dadurch 5% zu sparen und sich so die Möglichkeit einzuräumen "Timestops" einzulegen bzw. die Mitgliedschaft für bestimmte Monate stillzulegen. Dabei finden keine Veränderungen an der Gesamtlaufzeit statt.	Transparenz für die Mitglieder. Jeder soll den gleichen Betrag zahlen.	Keine Notwendigkeit
Stufe 9: Das „Ja" zur Mitgliedschaft	Empfehlung ausgesprochen, Einsatz von Alternativfragen, klare Preisakzeptanz	Nachfragen welche Mitgliedschaft in Frage kommt.	Keine Abweichung	Keine Notwendigkeit
Stufe 10: Die Preispräsentation für das Startpaket	Nutzen des Startpakets aufzeigen, günstige Relation des Preis-Leistungs-Verhältnisses	Dem Interessenten wird erklärt, welche Leistungen das Startpaket beinhaltet und dass es zu einer spitzen Betreuung und zum Einstellen auf die Geräte nötig ist.	Das Angebotsblatt wird von oben nach unten abgearbeitet. Dabei entsteht ein flüssiger Übergang der angebotenen Leistung zum Startpaket, welches noch vor dem Mitgliedschaftsbeitrag genannt wird.	Keine Notwendigkeit, da mit dem Startpaket nötige Leistungen verbunden sind um das Angebot zu nutzen.
Stufe 11: Vorabschluss	Vorabschluss durchgeführt, ein „NEIN" verhindert, Drei-Schritte-Strategie angewendet, Meinungsfragen eingesetzt, provisorische Abschlussfrage gestellt, definitiven Abschluss durchgeführt.	Der Vorabschluss findet meistens schon auf der Trainingsfläche durch Zustimmung des Interessenten statt.	Das Gespräch zwischen Berater und Kunde soll ganz natürlich ablaufen. Der Interessent soll dabei verstehen, dass er einen „Freund" und keinen Verkäufer vor sich hat.	Keine Notwendigkeit, da das Personal geschult ist und Abschlusssignale erkennt.

	Wichtige Inhalte	Ablauf im Ausbildungsbetrieb	Begründung für Abweichungen	Optimierungsmöglichkeiten
Stufe 12: Abschluss	Abschluss durchgeführt, Mitgliedschaft vom Berater ausgefüllt, Vorgehen dem Interessent erläutert, Interessent Zeit zum Durchlesen gegeben	Nach dem Beraten, dem Zusammenfassen aller wesentlichen Punkte und der Zustimmung des Kunden wird noch nach der Laufzeit der Mitgliedschaft gefragt. Daraufhin wird die Mitgliedschaft gemeinsam ausgefüllt. Falls in letzter Sekunde doch ein Vorwand eingeräumt wird, wird nach Unklarheiten gefragt.	Abweichung individuell mögich	Keine Notwendigkeit.
Stufe 13: After Sales	Mögliche Bestandteile angewandt, kognitive Dissonanz vermieden, Verabschiedung	Fast identischer Ablauf. Es wird noch ein Termin zur Einweisung der Geräte, der Anamnese-Erstellung und einer Bio-Impedanz-Analyse vereinbart.	Das Betreuungssystem des Unternehmens sieht zur optimalen Betreuung der Mitglieder dieses Vorgehen vor.	Keine Notwendigkeit.

2 EA: Kundenorientierung 2

2.1 Konzept der Selbstkonkordanz – Transformation der Modi

„Der Begriff ‚Selbstkonkordanz' spiegelt das Ausmaß wider, in dem eine Zielintention mit den persönlichen Interessen und Werten der Person übereinstimmt" (Schlaffke & Plünnecke, 2015, S.15).

In der folgenden Abbildung werden drei Strategien zur Unterstützung beim Übergang in den nächsten Modus der Selbstkonkordanz, nach Göhner & Fuchs (2007, S.11) aufgezeigt.

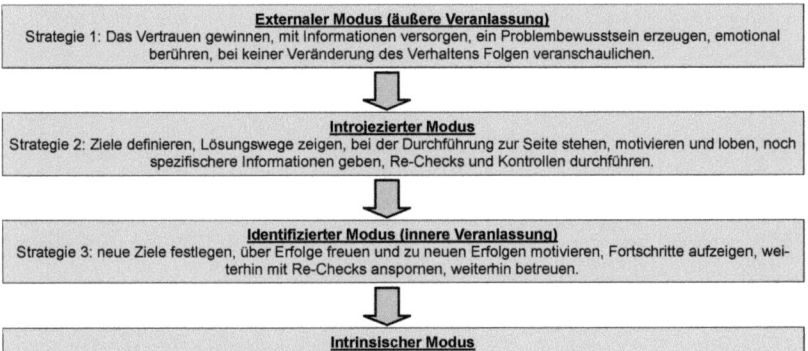

Abbildung 1: Transformation der Modi

2.2 Kundenbindung

Im Folgenden werden Maßnahmen zur Kundenbindung beschrieben, um diese zu motivieren und einer Demotivation entgegenzuwirken.

Maßnahme 1: Events für Mitglieder organisieren, bei denen die Möglichkeit besteht auch Freunde mitbringen zu können und außerhalb des Studios oder des Trainings sich zu unterhalten.

Begründung: Der soziale Aspekt soll dabei noch mehr gestärkt werden, um eine noch größere Bindung herstellen zu können. Nicht nur zu diesem Betrieb, sondern auch zu anderen Mitgliedern, um eine Gemeinschaft zu schaffen.

Maßnahme 2: Umfragen zur Zufriedenheit, Wünschen, Erwartungen und Bedürfnissen der Kunden in sinnvoll zeitlichen Abständen durchführen.

Begründung: Um das Angebot zu optimieren und auf Wünsche und Bedürfnisse der Kunden eingehen zu können, ist es wichtig Kenntnis über ihr Wohlbefinden zu haben. Stille unzufriedene Kunden haben so auch die Möglichkeit sich anonym zu äußern.

Maßnahme 3: Aktive Anrufe und Tools, die das Mitglied in der kritischen Phase an das Training erinnern und motivieren, und Tools, die den Trainer daran erinnern zu motivieren, anzusprechen oder neue Termine zur Trainingsplanung oder für Re-Checks zu vereinbaren, einführen und nutzen. Oder auch zu anderen Angeboten wie Kurs- oder Zirkeltraining animieren.

Begründung: Dadurch, dass der Kunde sich wahrgenommen fühlt, erkennt er, dass an ihn gedacht wird. Dadurch wird neue Motivation generiert und die Beziehung zum Berater und dem Unternehmen wird gestärkt.

Maßnahme 4: Tools am Check-In Terminal, die dem Trainer zeigen, welches Mitglied auf der Trainingsfläche Geburtstag hat und wann die nächsten Aufgaben in Form von Re-Checks oder Erstellung eines neuen Trainingsplans nötig ist.

Begründung: Durch die Erstellung eines neuen Trainingsplans und durchgeführte Re-Checks, bei denen neue Ziele gesetzt werden, bekommt das Mitglied neue Motivation, fühlt sich wahrgenommen und professionell betreut.

Maßnahme 5: Treuebonus für Bestandsmitglieder in Form von exklusiven Leistungen (z.B. Kosten für eine bestimmte Premium-Software an Zirkeltrainingsgeräten, wie eGym-Premium übernehmen, die bisher nur für ein extra Leistung zugänglich war) die eine Mitgliedschaft attraktiv halten, reanimieren und Mitglieder motivieren.

Begründung: Beim Einlösen der Leistung muss das Mitglied das Studio betreten und in Kontakt mit den Mitarbeitern treten., dabei können sämtliche Mitarbeiter bei Kontakt mit dem Mitglied nochmals in der kritischen Phase motivieren.

2.3 Zusatzverkäufe

2.3.1 Aktuelle Zusatzverkäufe im Ausbildungsbetrieb

In der folgenden Tabelle werden die Zusatzverkäufe des Ausbildungsbetriebes dargestellt.

Tabelle 3: Aktuelle Zusatzverkäufe im Ausbildungsbetrieb (eigene Darstellung)

Bereich des Betriebes	Theke	Trainingsfläche	Trainertisch
Angebotener Artikel	Protein-Shakes	Personal-Trainings	Bio-Impedanz-Analyse

2.3.2 Weitere mögliche Zusatzverkäufe für den Ausbildungsbetrieb

Folgend eine Tabelle in der weitere mögliche Zusatzverkäufe für den Ausbildungsbetrieb dargestellt werden. Zudem werden die Vorschläge begründet und Zielgruppen werden genannt.

Tabelle 4: weitere mögliche Zusatzverkäufe

Zusatzverkäufe	Outdoor-Gruppentraining	Beweglichkeitsstests und damit verbundene Beweglichkeits- und Haltungsschulungen	Nahrungsergänzungsmittel
Bereich	Außerhalb des Studios	Trainingsfläche oder Kursraum	Theke
Zielgruppe	Kursteilnehmer und andere Mitglieder, die gerne auch mal im Freien trainieren würden.	Mitglieder, die ebenso Wert auf ihre Beweglichkeit legen.	Alle Mitglieder, die ihr Wohlbefinden und ihre Leistungen durch Supplementieren von Nahrungsergänzungsmitteln fördern möchten.
Begründung	Es wäre dadurch möglich mehrere Kurse zeitgleich anbieten zu können. Das Studio wirkt attraktiver für Interessenten und Mitglieder, die im Sommer lieber außerhalb des Studios aktiv werden möchten.	Durch die standardisierten Beweglichkeitstests können Mitglieder ihre Fortschritte in Beweglichkeit und Koordination veranschaulichen. Dadurch werden sie im Alltag tauglicher und achten mehr auf ihre Körperhaltung.	Durch das individuelle Beraten und Anbieten von Nahrungsergänzungsmitteln wird ein kompetenteres Auftreten vermittelt. Diese könnten bei Ernährungsberatungen angeboten werden.

3 Teams, Motivation & Führung

3.1 Teamentwicklung

Im Folgenden werden die Phasen des Teambildungsmodells von Tuckman (1965) dargestellt. Zudem werden zu jeder Phase 2 Maßnahmen genannt, wie der Teamleiter in der Teamentwicklung unterstützend agieren kann.

3.1.1 Forming

Maßnahme 1: Sämtliche Ziele sollten nach SMART formuliert und aufgezeigt werden. Ebenso sollte Struktur und Nutzen der Zusammenarbeit klar kommuniziert werden.

Maßnahme 2: Jeder sollte in einer Gesprächsrunde zu Wort kommen können und seine Meinung Preis geben können. Nur so ist ein Kennenlernen bezüglich Einstellung und Arbeitsstil möglich. Die Teamleitung fungiert hier als Vorbild.

3.1.2 Storming

Besondere Forderungen der Teamleitung im Storming: Die „Storming"-Phase ist sehr konfliktgeladen und hat große Wichtigkeit für die Teambildung. Die Teamleitung sollte durch Geduld, Erfahrung und klare Zielvorgaben das Team konstruktiv lenken. Offene Konflikte müssen besprochen und bearbeitet werden. Individuelle Ansichten und Positionskämpfe dürfen nicht in vergeblichen Diskussionen enden. Die Teamleitung muss die Gemeinsamkeiten aufzeigen, um eine Gemeinschaft zu schaffen. Konflikte müssen gelöst werden. Nicht oder ungenügend gelöste Konflikte stehen der Gemeinschaft des Teams im Weg, wodurch sich das Team nicht weiterentwickelt und unproduktiv zwischen „Storming" und „Norming" festsitzt oder gar zerfällt.

Maßnahme 1: Es müssen klärende Gespräche zwischen den Einzelnen oder Mehreren stattfinden. Bei Konflikten sollte die Teamleitung behilflich sein, zur offenen Aussprache ermutigen oder auch, wenn nötig, schlichten.

Maßnahme 2: Es müssen dem Team Gemeinsamkeiten aufgezeigt werden, um aus einer gemeinsamen Basis Diskussionen, Gespräche und die Zusammenarbeit gewährleisten zu können.

3.1.3 Norming

Maßnahme 1: Gemeinsam erstellt das Team die Spielregeln zur Zusammenarbeit miteinander. Dabei steht die Teamleitung zur Seite und sichert deren Umsetzung.

Maßnahme 2: Durch das Festlegen der Werte, kann das Team spezifische Entscheidungen selbstständig erarbeiten und die Teamleitung steht nur bei Bedarf beratend zur Seite.

3.1.4 Performing

Maßnahme 1: Es werden regelmäßige Meetings zur Zielverfolgung und Standortbestimmung angesetzt.

Maßnahme 2: Die einzelnen Teammitglieder in ihrer Entwicklung fördern und das Team äußerlich vertreten.

3.2 Motivation

In der folgenden Tabelle wird die Aussage „Gruppenprovisionen sind in der Fitnessbranche die beste Möglichkeit die Mitarbeiter im eigenen Unternehmen dauerhaft zu motivieren" kritisch hinterfragt. Unterteilt wird dabei in Pro und Contra.

Tabelle 5: Gruppenprovision - Pro und Contra

Pro	Contra
Im Vergleich zur Einzelprovision hat die Gruppenprovision den Vorteil, dass das Team besser zum Nutzen des Betriebes zusammen agiert. Durch die gegenseitige Unterstützung kann eine sehr positive und produktive Gruppendynamik entstehen. Ebenso möchte jeder einzelne Mitarbeiter mit den Leistungen des Teams mithalten, um die Gruppe nicht negativ zu beeinflussen. Konkurrenzdenken und Egoisten-Mentalitäten finden hier keinen Platz. Bei Ausfällen für einzelne Teammitglieder entsteht kein Leistungsdruck.	Bei Leistungsunterschieden der Einzelnen kann es zu Spannungen kommen. Auch innerhalb eines Teams können Gruppierungen entstehen bei denen Leistungsunterschiede aufkommen und somit auch Spannungen. Ebenso könnte ein geringeres Verantwortungsbewusstsein bei einigen Mitarbeitern entstehen. Dadurch könnte mehr auf den Top-Verkäufern und Top-Mitarbeitern liegen bleiben. Das könnte sich demotivierend auf diese auswirken.

Fazit: Die Gruppenprovision ist nicht die beste Möglichkeit einer dauerhaften Motivation für alle Mitarbeiter und hat ihre Vor- und Nachteile.

3.3 Führung

Im Folgenden werden die Leadership-Styles der Fallbeispiele der Aufgabe erläutert und mit ihren wesentlichen Merkmalen genannt.

3.3.1 Fallbeispiel 1

Tabelle 6: Fallbeispiel 1

Führungsstil	Direktiver Stil
Merkmale des Stils	Unmittelbarer Gehorsam, klare Anweisungen, strenge Überwachung
Begründung	In diesem Führungsstil sieht, kontrolliert und kommandiert der Vorgesetzte seine Mitarbeitenden. Diese sieht er als reine Leistungsbringer, von denen Gehorsam erwartet wird. Das Feedback bleibt ungenutzt, eher beziehen sich die Rückmeldungen auf die Person selbst statt auf deren Verhalten. Für einen kurzen Zeitraum in kritischen Situationen kann dieser Führungsstil eine größere Chance auf Erfolg mit sich bringen.
Risiken	Bei permanenter Anwendung könnte dies zu Einschränkungen der Mitarbeitenden führen. Entwicklungschancen bleiben durch fehlende Selbsteinschätzung und Motivation oder persönliche Lernprozesse aus. Dies könnte zu Missgunst und Frustration führen. Ebenso entsteht keine Vertrauensbasis zwischen Vorgesetztem und Mitarbeiter.
Empfehlungen	Es empfiehlt sich diesen Führungsstil mit anderen zu kombinieren, um den Geschäftserfolg nicht negativ zu beeinflussen. Wie Hübner (2009, S.103) festhalten konnte, überträgt sich das Glück der Mitarbeiter auf die Kunden, bzw. nur glückliche Mitarbeiter können Kunden glücklich machen.

3.3.2 Fallbeispiel 2

Tabelle 7: Fallbeispiel 2

Führungsstil	Affiliativer Stil
Merkmale des Stils	Harmonie und Konsens zwischen Mitarbeitern und Vorgesetzten, viel persönliche Wertschätzung, vertrauensvolle Zusammenarbeit, Erfolg ist von der Zustimmung jedes Einzelnen abhängig.
Begründung	In diesem Führungsstil herrscht Harmonie. Auf einer freundschaftlichen und vertrauensvollen Basis darf jeder an der Vision teilhaben. Durch Wertschätzung, Selbstverwirklichung und Vertrauen werden aus Sicht des Vorgesetzten in diesem Stil die geschäftlichen Erfolge gesichert.
Risiken	Durch die freundschaftliche Basis könnten Anweisungen nur als Empfehlung gesehen werden. In Krisensituationen ist eine schnelle und kompetente Reaktion nötig, bei der Anweisungen und Kontrolle eine wichtige Rolle spielen.
Empfehlungen	Zur letztendlichen Entscheidung über operative Aufgaben sollte die Leitung selbst entscheiden, um Gespräche nicht vergeblich in die Länge zu ziehen und den Erfolg zu mindern.

4 EA Controlling

4.1 Kennzahlen im Vertrieb

In den folgenden Tabellen werden die Quartalszahlen der einzelnen Mitarbeiter dargestellt. Zudem Folgt darauf eine grafische Darstellung.

Tabelle 8: Telefonquote Januar-März

(Anz. der vereinbarten Beratungstermine/Anz. Interessentenanrufe) x100				
	Januar	Februar	März	Durchschnitt
Elisabeth	79,13%	81,55%	79,00%	79,89%
Andreas	79,46%	76,19%	71,66%	75,77%
Anne	36,22%	45,05%	45,90%	42,39%

Tabelle 9: Termineinhaltungsquote Januar-März

(Anz. der erschienenen Beratungstermine/Anz. der vereinbarten Beratungstermine) x100				
	Januar	Februar	März	Durchschnitt
Elisabeth	68,13%	69,05%	75,95%	71,03%
Andreas	95,51%	79,17%	86,05%	86,91%
Anne	57,75%	48,78%	51,20%	52,58%

Tabelle 10: Abschlussquote Januar-März

(Anz. der abgeschlossenen Mitgliedschaften/Anz. der durchgeführten Beratungen) x100				
	Januar	Februar	März	Durchschnitt
Elisabeth	46,77%	37,93%	36,67%	40,46%
Andreas	89,02%	88,16%	87,84%	88,34%
Anne	85,37%	90,00%	83,72%	86,36%

Abbildung 2: Entwicklung der Kennzahlen der Mitarbeiter im Betrieb (eigene Darstellung)

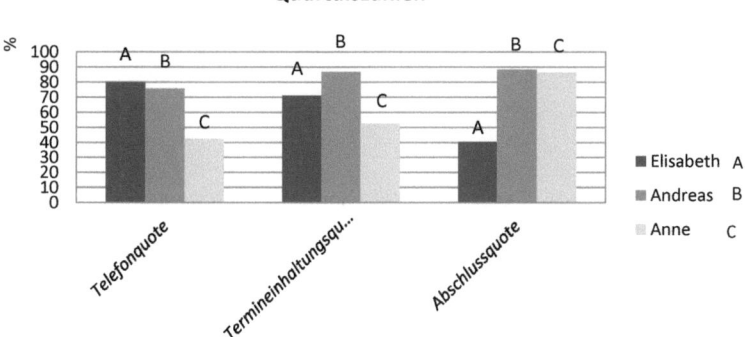

4.1.1 Beurteilung der Telefonquote und Maßnahmen zur Verbesserung

Die Telefonquote gibt an, wie viele Interessentenanrufe zu einer Beratung terminiert werden konnten. Anhand der Telefonquote ist zu erkennen, dass Elisabeth und Andreas wesentlich mehr Interessentenanrufe in Beratungstermine umsetzen, obwohl Anne fast doppelt so viele Anrufe getätigt hat.

4.1.1.1 Maßnahmen zur Verbesserung der Telefonquote

Maßnahme 1: Elisabeth und Andreas übernehmen zukünftig auch die Telefonanrufe von Anne.

Begründung: Elisabeth und Andreas setzen ihre Telefonate wesentlich besser in Beratungstermine um als Anne. Somit könnten mehr Beratungen und folglich mehr Abschlüsse umgesetzt werden.

Maßnahme 2: Anne sollte in Telefonsales geschult werden und sich von ihren Kollegen Tipps zur Beratung am Telefon geben lassen.

Begründung: Dadurch könnte Anne ihre Telefonquote erhöhen und folglich somit mehr Abschlüsse umsetzen.

4.1.2 Beurteilung der Termineinhaltungsquote und Maßnahmen zur Verbesserung

Die Termineinhaltungsquote gibt an, wie viele Interessenten letztendlich zu einem Beratungstermin erschienen sind. Obwohl Anne fast genau so viele Termine vereinbaren konnte (durch sehr viel mehr Telefonate), ist ihre Termineinhaltungsquote wesentlich geringer als die ihrer Kollegen.

4.1.2.1 Maßnahmen zur Verbesserung der Termineinhaltungsquote

Maßnahme 1: Andreas und Elisabeth sollten alle Interessententelefonate ausführen.

Begründung: Anhand der Terminvereinbarungsquote lässt sich entnehmen, dass Andreas und Elisabeth mehr am Telefon überzeugen. Umso mehr eingehaltene Termine, desto mehr Abschlüsse können umgesetzt werden.

Maßnahme 2: Ebenso zur Verbesserung der Termineinhaltungsquote empfiehlt sich hier für Anne eine Schulung in Telefonsales oder das Einholen von Tipps der Kollegen.

Begründung: Durch mehr Überzeugungsfähigkeit am Telefon können mehr Beratungen durchgeführt und folglich mehr Abschlüsse umgesetzt werden.

4.1.3 Beurteilung der Abschlussquote und Maßnahmen zur Verbesserung

Die Abschlussquote ist wohl die wichtigste Kennzahl im Verkauf und ein entscheidender Erfolgsindikator. Ganz im Gegenteil zu den Leistungen am Telefon kann Anne im Beratungsgespräch überzeugen. Obwohl Elisabeth eine gute Telefon- sowie Termineinhaltungsquote vorzeigt, kann sie in der Beratung mit ihren Leistungen nicht wie am Telefon überzeugen und macht weniger Abschlüsse als Anne, die sehr viel weniger Beratungstermine durchführte.

4.1.3.1 Maßnahme zur Verbesserung der Abschlussquote

Maßnahme 1: Andreas und Anne durchführen die Beratungen in Zukunft.

Begründung: Anhand der Abschlussquote kann man sehen, dass Andreas und Anne wesentlich mehr Erfolge in der durchgeführten Beratungen haben. Dadurch könnten mehr Abschlüsse generiert werden.

Maßnahme 2: Elisabeth sollte sich Tipps ihrer Kollegen einholen oder eine Schulung für Beratungsgespräche vollziehen.

Begründung: Durch mehr Überzeugungskraft, die Tipps der Kollegen und eine passende Schulung könnte Elisabeth ihre Abschlüsse steigern.

Fazit: Die Stärken und Schwächen eines Teams sollten genutzt werden um die Performance des Unternehmens zu optimieren. Dazu gehören Schulungen, sowie Entwicklungsmöglichkeiten für jeden Mitarbeitenden. Ebenso wie die Fachkenntnisse sollten auch ihre „Soft Skills" richtig eingesetzt werden.

4.2 Fluktuationsquote

Folgend wird die Berechnung der Fluktuationsquote eines Betriebes dargestellt. Zudem wird eine Senkung der Fluktuationsquote von 5 Prozentpunkten berechnet und auf Grundlage dieser der Mehrumsatz von Mitgliedschaften auf Grund geringerer Abgänge dargestellt.

4.2.1 Berechnung der Fluktuationsquote des letzten Geschäftsjahres

(Anzahl der Abgänge/Durchschnittlicher Mitgliederbestand) x100

(846/3869) x100 = 21,87%

Die Fluktuationsquote des letzten Jahres liegt bei 21,87%.

4.2.2 Berechnung einer Senkung der Fluktuationsquote von 5 Prozentpunkten

(Flukuationsquote x Durchschnittlicher Mitgliederbestand) /100 = Zahl der Abgänge

(16,87 x 3869) /100 = 652,70 = 653

Bei einer Senkung der Fluktuationsquote um 5%, hätte der betrachtete Betrieb nur 653 Abgänge zu verzeichnen.

4.2.3 Mehrumsatz auf Grund geringerer Abgänge

Durchschnittlicher Monatsumsatz netto x 12 Monate = durchschnittlicher Jahresumsatz

50 €/Monat x 12 Monate = 600 €

(Anzahl der momentanen Abgänge – Anzahl der Abgänge nach Senkung der Fluktuationsquote um 5 Prozentpunkte) x durchschnittlicher Jahresumsatz = Jahresmehrumsatz

(846 – 653) x 600 € = 115800 €

Der Jahresmehrumsatz würde bei einer Senkung von 5% der Fluktuationsquote 115800 € betragen.

5   Literaturverzeichnis

Göhner, W., & Fuchs, R. (2007). *Änderung des Gesundheitsverhaltens. MoVo Gruppen programme für körperliche Aktivität und gesunde Ernährung.* Göttingen: Hogrefe.

Hübner, S. (2009). *Service macht den Unterschied.* München: Redline.

Schlaffke, W., & Plünnecke, A. (2015). *Verkaufsmanagement.* Saarbrücken: Deutsche Hochschule für Prävention und Gesundheitsmanagement.

Tuckman, B. (1965). Developmental sequences in small groups. *Psychological Bulletin, 63*(6), S. 348-399.

6   Abbildungs- und Tabellenverzeichnis

6.1 Tabellenverzeichnis

6.2 Abbildungsverzeichnis